Ashley Spires

BORIS

Texte français de Josée Leduc

Éditions
SCHOLASTIC

As-tu déjà eu l'impression d'être seul au monde? C'est exactement ce que Boris ressent. Et c'est très bien comme ça.

Tania Palmer

BORIS

POUR LES FILLES DE G406 — Ingrid, Kathryn, Maddy, Maria, Marta, Meghan, Stephanie, Tara et Vera

Catalogage avant publication de Bibliothèque et Archives Canada

Spires, Ashley, 1978-
[Larf. Français]
Boris / Ashley Spires ;
texte français de Josée Leduc.
Traduction de: Larf.
4 à 8 ans.
ISBN 978-1-4431-1687-9
I. Leduc, Josée, 1962- II. Titre.
III. Titre : Larf. Français.
PS8637.P57L3714 2012
jC813'.6   C2011-906809-5

Édition publiée par les Éditions Scholastic, 604, rue King Ouest, Toronto (Ontario) M5V 1E1, avec la permission de Kids Can Press Ltd.

5 4 3 2 1   Imprimé en Chine CP130   12 13 14 15 16

Imprimé à Shen Zhen, Guang Dong, Chine, en octobre 2011, par PrintPlus Limited.

Les illustrations ont été réalisées à l'aquarelle végétale à base de légumes, à l'encre biodégradable, et à l'aide de collage de papier recyclé et d'une touche de revitalisant-démêlant bio pour fourrure de Sasquatch.

Ce livre est respectueux des Sasquatchs.

Conception graphique de la couverture : Karen Powers

Boris est un Sasquatch. Il semble être le seul et unique Sasquatch.
Il mène une vie paisible dans les bois, avec son lapin Éric.

Il a failli être découvert une fois ou deux. Une bête humanoïde poilue faisant deux mètres de haut et portant un foulard rouge passe difficilement inaperçue.

Mais heureusement pour lui, les gens croient rarement à ce qui est nouveau et étrange. Et Boris est vraiment étrange.

Boris sait qu'on ne le laisserait jamais tranquille si on savait qu'il était vrai.

La simple idée d'être l'objet d'autant d'attention lui donne des sueurs froides.

Boris occupe ses journées gaiement, tout seul. Il fait du jogging...

Emmène Éric en promenade...

et jardine.

Mais un matin, il lit un article étrange dans le journal : un Sasquatch va se présenter ce jour-là à Sainte-Élisabeth-de-Montmagnac.

Comment est-ce possible? Il ne prévoyait pas aller à
Sainte-Élisabeth-de-Montmagnac. Et même si c'était le
cas, il n'irait certainement pas un mercredi, jour de lessive!
Tout à coup, Boris comprend ce que cela signifie :
il N'EST PAS le seul Sasquatch au monde!

Cela pourrait tout changer. Boris n'est pas convaincu de vouloir du changement. Pourtant, un autre Sasquatch dans les alentours ouvre la porte à une myriade de possibilités...

Le jeu de bascule deviendrait possible.

Il pourrait partager des conseils de démêlage de fourrure.

Et ses commentaires subtils sur des films quétaines seraient entendus et compris.

Conclusion : Boris doit absolument rencontrer cet autre Sasquatch!

Habituellement, il évite de voyager jusqu'à Sainte-Élisabeth-de-Montmagnac. Mais ceci est une occasion qui ne se présente qu'une fois dans une vie. De plus, Boris est un maître du camouflage. Il est certain de passer inaperçu.

En chemin, Boris se demande de quoi aura l'air l'autre Sasquatch. Si ce gars fait des présentations, il doit être assez exubérant. Ce n'est pas tellement le genre de Boris.

Et s'ils ne s'entendaient pas?
Et si ce Sasquatch ne l'aimait pas?

Et s'il l'aimait et voulait emménager avec lui? Et s'il laissait traîner son linge sale?

Et s'il mangeait de la viande?
Et s'il était allergique à Éric?

Ou pire encore, si ce IL était une ELLE?!
Boris n'est pas prêt à rencontrer une fille.
Il n'a pas pris un bain depuis... des siècles!

En cours de route, Boris a eu le temps d'y penser à deux fois. Il se dit qu'après tout, il est très bien tout seul.

Toute cette activité, tous ces gens et tout ce bruit n'aident pas. Dans tout ce brouhaha, la vue de Boris s'embrouille et ses idées aussi!

SASQUATCH

PAR LÀ

Est-ce que l'autre Sasquatch aime
les bains de foule?
Est-ce que vivre en compagnie de
quelqu'un est toujours aussi bruyant?

Tout à coup, Boris aperçoit l'autre Sasquatch! Mais il y a quelque chose qui ne va pas. Pourquoi ses yeux ne bougent-ils pas? Est-ce une fermeture à glissière sur son ventre? Et depuis quand un Sasquatch porte-t-il des chaussures de course de taille tout à fait normale?

— Tu n'es pas un vrai Sasquatch? pense Boris à voix haute.

L'autre Sasquatch enlève sa tête.

— Bien sûr que non. Les Sasquatchs, ça n'existe pas, répond le garçon caché sous le costume.

Boris est déçu, mais au moins, il peut retourner
à sa vie paisible dans les bois.

Alors qu'il attend l'autobus, il entend une voix :
— Ton lapin est super mignon!

Boris lève la tête et cette fois, ce qu'il voit est parfait.

La créature le regarde dans les yeux et bat des cils!

Elle est couverte de poils et n'a pas de fermeture à glissière.

Et ses pieds sont
ÉNORMES!

— Je m'appelle Gertrude et voici
Patricia, dit l'autre Sasquatch avec un
sourire.

Tout comme Boris, elle était venue
rencontrer le « vrai Sasquatch ».
Maintenant, il semble que c'est chose faite.

Boris l'invite à souper le mercredi suivant. (Ils sont tous les deux uniques en leur genre dans le monde entier après tout. C'est une simple question de savoir-vivre.)

Gertrude accepte l'invitation et ajoute :

— Mais je dois te prévenir que ni Patricia ni moi ne mangeons de viande.

Boris décide alors qu'il prendra un bain en arrivant à la maison. Enfin... tout de suite après avoir fait la lessive, bien sûr.